Historique des Œuvres

de Madame CHAUVIÈRE

CRÊCHE, DISPENSAIRE

SANATORIUM

BAINS

PARIS 1906

Historique des Œuvres

de Madame CHAUVIÈRE

CRÊCHE, DISPENSAIRE

SANATORIUM

BAINS

PARIS 1906

HISTORIQUE DES ŒUVRES

(Fondation Maria Chauvière)

Ch. I. — **Comment elles sont nées.**

Mme Maria Chauvière, femme du député de la Seine, avait, dans l'exil, à Bruxelles, assisté à la création de crèches laïques modèles, notamment celle de Saint-Josse-Ten-Noode. Elle avait pu juger des effets surprenants de l'institution. Rentrée à Paris et lors de la nomination de son mari comme conseiller municipal du quartier de Javel, dans ce quinzième arrondissement si pauvre, elle songea à créer une crèche laïque, la première en nom et en fait (1), semblable à celle dont elle avait pu juger le bon fonctionnement. Il n'y avait jusque là qu'une crèche religieuse, fondée dans le quartier de Grenelle, encouragée par la municipalité d'alors, mais absolument insuffisante pour une population dont le chiffre atteint près de 180.000 habitants.

Ouvrir une crèche où tous seraient admis moyennant une légère rétribution, c'était un beau rêve à réaliser. Mme Maria Chauvière le réalisa.

A cet effet, elle chercha des collaborateurs et surtout des collaboratrices ! C'était en 1888, il y a a **18 ans**. Il y eut des reculs, des refus polis, mais aussi des acceptations chaleureuses. De cette heure, il nous reste de ces femmes de cœur qui, n'ayant d'autre souci que le bien à accomplir, ont bravé les mauvaises heures, les heures d'ennui, de chagrin même, et qui n'ont désespéré jamais.

Une fête, une matinée, dans un préau d'école et quelques dons

---

(1) Depuis, se sont fondées les crèches de Saint-Lambert (laïque) et celle de de la Rue Beuret (religieuse).

procurèrent un peu plus de 1.000 francs. Telle est la somme dont, à l'origine, on put disposer pour agir. Hardiment, Mme Chauvière ouvrit la crèche dans un pavillon de la rue Lacordaire. L'inauguration fut saluée par tous avec enthousiasme. Les enfants vinrent en nombre, en si grand nombre qu'on s'ingénia à trouver un nouveau local plus vaste, mieux disposé pour ses fins.

M. Chauvière, conseiller, plaida sa cause à l'Hôtel de Ville ; il réussit à obtenir une subvention variant entre 3.000 francs et 4.000 francs et le local très convenable où fut transférée la crèche, partie de la maison de secours de la place du Commerce.

Mais que faire de l'ancien local qu'on abandonnait ? On avait un bail. « **Si nous fondions un dispensaire !** » dit l'audacieuse fondatrice de la crèche. On s'entraîne au bien comme au mal ; il y a des griseries de philanthropie. Mais combien plus douces ces griseries-là ! On répondit affirmativement et voilà l'affaire engagée. Des docteurs se trouvent et non pas des docteurs obscurs encore, entrant dans la carrière, mais des noms bien connus, des professeurs, des maîtres. L'Assistance publique nous délivrait des médicaments au plus juste prix et nous faisait de longs crédits ; des orthopédistes, des électriciens, des industriels, nous firent don d'instruments ; le Bon Marché, de linge, d'ouate, de draps; les Lits militaires, de son matériel ; j'en oublie beaucoup.

Mme Chauvière intéressa les artistes des grandes scènes de Paris à la cause des enfants et des malades. Des représentations eurent lieu à Grenelle, au théâtre de la République, au Châtelet, au théâtre Sarah-Bernhardt.

La grande artiste qu'est Mme Sarah-Bernhardt, généreuse comme toujours, nous offre son local, ses artistes, son personnel, sans exiger la moindre rétribution, et cela sans tapage, sans bruit. Aussi lui sommes-nous reconnaissants et le serons-nous toujours. MM. Antoine, Gémier, Claretie, Ginisty, Carré, etc., nous sont restés toujours fidèles.

Le Dispensaire, à son tour, devint trop petit, trop exigu dans le vieux local, et M. Chauvière fit tant et tant, que le Conseil municipal autorisa la location d'un terrain rue de la Convention et vota une somme de 36.000 francs à répartir en six annuités, pour aider à la construction d'un nouveau dispensaire. Un entrepreneur généreux, M. Guillotin, accepta de construire et d'attendre les échéances proposées pour se couvrir de ses dépenses.

Bientôt, le dispensaire fut édifié et inauguré par M. Bourgeois, ministre, M. Poubelle, préfet de la Seine ; M. Lozé, préfet de police, M. Buisson, directeur de l'Enseignement primaire, actuellement député, M. Peyron, directeur de l'Assistance publique, etc.

Une nouvelle subvention du Conseil, des représentations, une tombola, permirent de faire face aux dépenses, il faut l'avouer, difficilement toujours.

Que dira-t-on de cette œuvre qui voit passer 12.000 à 15.000 malades par an et qui fait 45 à 50.000 pansements? Qui songe aujourd'hui à contester son utilité?

Une heure difficile, ce fut celle où M. Chauvière fut nommé député et remplacé comme conseiller par un adversaire politique qui chercha à détruire ce qui avait été si péniblement fondé, ce qui rendait tant de services à une population intéressante parce que nécessiteuse.

Crèche et dispensaire, si utiles, eurent leur revanche. Il y eut une visite officielle de la Présidente de la République, Mme Loubet, visite solennelle où presque tous les docteurs furent récompensés pour leur dévouement à la cause des déshérités.

Chacun sait ce que sont nos dispensaires : des gens, enfants ou adultes, malingres, chétifs, blessés, en voie de maladies chroniques, qui ne pardonnent pas, viennent aux consultations de savants praticiens.

Le dispensaire, c'est l'antichambre de l'hôpital. Que de gens sauvés ! Mais, sauvés un instant, ne retomberont-ils pas bientôt ?

Quoi de plus navrant que le conseil du médecin : « Mon enfant, pour vous remettre, il vous faudrait la campagne, de la bonne nourriture. »

Ce que le médecin dit au malade, il le dit à tous et c'est navré qu'il ajoute : « Le conseil est pour beaucoup impossible à suivre. »

Je comprends à la rigueur qu'on s'apitoie moins sur l'homme, parfois victime de ses vices ; mais peut-on rester indifférent aux enfants étiolés, pauvres innocents, qu'un souffle d'air pur ranimerait, qu'un régime guérirait pour longtemps au moins, sinon pour toujours ?

Ensuite, faut-il attendre que la tuberculose se soit emparée du petit corps et le tue ?

C'est avant qu'il faut agir.

Mme Maria Chauvière, témoin journalier des efforts et des regrets de ses docteurs, était naturellement conduite à songer à fonder un sanatorium pour enfants faibles et, chez elle, songer c'est toujours travailler à réaliser.

Le hasard nous mit, dans les Vosges, en face d'un admirable

site. Isches, dans l'arrondissement de Neufchâteau, commande un rayonnement de vallons qui sont la suite des monts entre Langres et les hautes Vosges. Un petit immeuble enveloppé de bois, traversé par une rivière intarissable, était à vendre : cela se nommait l'ermitage. On voulut acheter ; il fallait trouver à emprunter la somme suffisant à l'achat. Mme Chauvière la trouva. Un ami riche fit l'avance directe à la philanthrope, et l'immeuble fut acquis. On put en distraire un hectare pour élever l'édifice et avoir le terrain nécessaire à la colonie qu'on allait fonder. Peu à peu, à mesure des besoins, on prend sur la partie réservée.

Dès lors, des réunions eurent lieu à la mairie du 15e ; on parla du projet ; des plans furent apportés, critiqués ; une commission fut nommée ; des entrepreneurs s'offrirent ; des hommes politiques de la Haute-Marne appuyaient surtout un de leurs amis, qu'on accepta.

Quant aux fonds, nous allâmes frapper à toutes les portes ; il y eut des réponses inespérées. Notre gratitude va à tous. Il y eut des dons de 10.000 francs, 5.000 francs, etc. (1).

L'édifice n'était pas tout à fait achevé que nous osâmes l'inaugurer par une fête solennelle. Engager l'action est de la bonne habileté.

Ce fut notre ami Pelletan, ministre de la Marine, qui présida la cérémonie ; tous les ministres étaient représentés. Le Préfet des Vosges avait envoyé son secrétaire général ; les quatre sous-préfets du département assistaient au banquet.

Le coup était porté ; le Sanatorium pour Enfants faibles de Paris était créé.

De nouveaux protecteurs sont venus, la Commission du Pari-Mutuel nous accorda une subvention de 75.000 francs, dont divers incidents de procédure nous retranchèrent pour quelques mois 30.000 francs et, enfin, nous avons pu saluer un sanatorium pittoresquement assis dans un coteau boisé, faisant face à de riantes collines dont il est séparé par un ruisseau chantant sous les ormes hérissés, et les enfants de Paris, mêlés à des fils de cultivateurs vosgiens, ont pu, en 1905 et en 1906, remettre leur santé délabrée au contact de l'air pur de nos montagnes.

Un mot pour rappeler un fait important : vers 1904, grâce à M. Chautard, conseiller du 15e, aujourd'hui député, le Conseil municipal, où nous défendit énergiquement M. Poiry, autre conseiller, nous obtînmes 25.000 francs pour reconstruire une

---

(1) Nous nommons MM. Schweizer, de Nittis, Lang, Stigler, Magisson, Combelle, Brauge, Béthoule, Brissot, Mutel, Mme Edeline, etc.

crèche modèle située avenue Félix-Faure, et 35.000 francs pour un établissement de bains populaires à bas prix, situé derrière la crèche, *dont les bénéfices doivent être affectés à soutenir et la Crèche et le Dispensaire, nous laissant ainsi libres toutes nos autres ressources pour le Sanatorium.*

Ch. II. — Comment on a construit le Sanatorium.

Nous avons dit que sous la pression amicale d'hommes politiques de la Haute-Marne, nous avions pris un entrepreneur de Bourbonne-les-Bains.

Nous n'avons pas ici à examiner les causes qui nous firent nous séparer de lui. Il nous fallut lui chercher un successeur ; mais ce changement occasionna une augmentation considérable de frais. Sur le conseil et l'appui de M. Frédéric Magisson, entrepreneur de Paris, nous sortîmes de nos difficultés et nous pûmes bientôt voir habitable un véritable édifice.

Tout n'est pas parfait encore, mais insensiblement, nous compléterons l'œuvre.

L'ancien architecte avait fait établir des terrasses, ce qui ne convient guère dans les Vosges : on vient de les recouvrir.

La question de l'eau, fort importante — il y a des bains, des water-closets avec chutes, une vaste cuisine à fournir, deux grands préaux et deux vastes dortoirs à entretenir, de 60 à 70 personnes à alimenter — était à résoudre. Un ingénieur-constructeur s'était offert. Son système, fort bon ailleurs, eut, ici, un résultat absolument négatif. On vient d'établir une pompe à manège, système Pilter, qui réussit admirablement.

Les voies d'accès sont dans un état douteux. Une route fut construite allant de la route d'Ainvelle à Isches, près de 1.200 mètres sur 3 mètres. Elle devra, pour être tout à fait bonne, être cylindrée. Une autre, allant de la route d'Isches à Fouchécourt au Sanatorium, doit être entièrement refaite ; elle a un kilomètre.

Enfin, les moyens de communication avec les gares les plus voisines, Bourbonne-les-Bains (8 kil.), Lamarche (10 kil.), Monthureux-sur-Saône (16 kil.), Martigny, Vittel, Contrexéville (entre 15 et 18 kil.), sont plutôt rudimentaires. Les routes sont bonnes, mais il faut recourir aux loueurs pour les transports. Cependant, depuis cette année, un service d'automobiles est établi à Bourbonne qui nous rendra les plus grands services.

L'on conçoit que l'œuvre doive encore ; mais cette année nous permettra sans aucun doute de voir la fin de nos dettes.

Nous comptons sur le bon vouloir des administrateurs et le dévouement de nos collaborateurs.

La crèche et les bains ont reçu une subvention de 60.000 francs du Conseil municipal. Un entrepreneur de Paris, M. Brissot, a fait l'avance de cette somme. Il reste dû quelque chose en plus.

Le Sanatorium a fait une première répartition de 45.000 francs aux entrepreneurs, ce qui, avec 30.000 francs payés déjà, représente des versements pour une somme de 75.000 francs. Une réserve de 30.000 francs à la Caisse des dépôts, frappés d'opposition par le premier entrepreneur, nous reviendra presque entièrement avant la fin de 1906, en y joignant un don de 100.000 francs, que, grâce à M. Dubief, Ministre de l'Intérieur, nous avons obtenu de l'Œuvre des Enfants tuberculeux, il n'est pas de doute qu'enfin, aidés par le Conseil municipal de Paris, par M. le Ministre de l'Agriculture et par M. le Ministre de l'Intérieur, nous puissions défier l'avenir et assurer à nos institutions l'existence durable que tous souhaitent.

Nous avons à signaler le dévouement inlassable de M. Langlois, architecte, et de notre avocat si dévoué, Maître Magnan.

Ch. III. — Comment on alimente les Œuvres

J'ai, pour ainsi dire, donné les explications nécessaires. Je n'aurai qu'à fournir les bilans des œuvres.

En 1890, la Crèche a pour recettes :

Produit des fêtes	1208. **fr.**
Subvention du Conseil municipal	3000.

soit 4208 fr. en recettes.

pour une dépense presque égale.

En 1891 : Cotisation et dons	1041.80
Produit des versements des parents	1038,20
Matinée du 14 Décembre 1890	3015.55
Fonds de caisse (1889) M. Parizot, ancien sec.-trésorier du bureau de bienfaisance .	159.55
Versement de M. Chauvière	50.00
TOTAL	5305.10

Nous trouvons comme contre-partie en dépenses une somme de 6.693 fr. 15.

En 1892, les recettes sont de 16.762 fr. 15 et les dépenses de 9.515 francs. La caisse est riche.

En 1893,	avoir	7584.50,	dépenses	7420.15
En 1894,	—	9186.35,	—	9046.30
En 1895,	—	8861.85,	—	8393.85
En 1896,	—	9710.55,	—	9612.80
En 1897,	—	8839.60,		7927.85
En 1898,	—	11029.70,	—	8466.50
En 1899,	—	9185.15,	—	9138.30
En 1900,	—	9495.10,	—	9382.90
En 1901,	—	10731,10,	--	9047.30
En 1902,	—	10165,85,	—	8785.00
En 1903,	—	10183.80,	—	9412.90
En 1904	—	14171.65,	--	12679.10
En 1905	--	10636.35,	--	10401.20

Les dépenses exceptionnelles de certaines années sont dues à des modifications dans l'immeuble, dans le matériel et dans l'augmentation du personnel.

En outre des subventions du Conseil municipal et du Conseil général, celles-ci peu élevées (en moyenne 4 à 500 francs), celles-là de 3.000 francs en moyenne, tous les ans, le ministère de l'Intérieur nous a fait des dons divers en 1892, de 900 francs ; en 1894, de 1.000 francs, etc.

Nos matinées nous rapportent en moyenne 8.000 francs à répartir depuis 1903, entre trois œuvres et antérieurement, entre la Crèche et le Dispensaire seulement. Il y a eu chaque année, un accroissement qui semble avoir atteint son extrême limite : 8.000 francs nets.

En 1890, le 14 décembre une matinée rapportait 1.678 fr. 20 ; en 1892, une matinée à la Gaîté, 4.457 francs et au théâtre de Grenelle 1856 fr. 20 ; en 1894, nos fêtes produisaient 1.286 fr. 05 ; en 1899, on substituait une tombola aux représentations et le profit à compte à demi pour la Crèche était, pour celle-ci, de 2.965 fr. 05.

En 1900, la moitié de la recette nette provenant de la représentation au théâtre de la République était de 1.145 fr. 60 ; en 1901, au Châtelet, la Crèche recevait pour sa part 2.402 fr. 30 ; en 1903, 2.220 francs ; en 1904, produit du théâtre Sarah-Bernhardt, 3.350 francs.

Le montant des cotisations a toujours été en augmentant. Les mères donnent 20 centimes par jour. Le procédé est moral. La gratuité absolue qui supprime le devoir, ôte au droit toute sa force. La rémunération est le prix du droit lui-même. Une mère qui se prive de son enfant durant douze heures, qui sait qu'à la Crèche rien ne lui manquera, peut bien consentir ce sacrifice qui lui laisse une liberté dont profitera la famille.

Ces 20 centimes sont un contrôle du mouvement de la Crèche. Ainsi, si je trouve en 1894, 1.468 fr. 80, montant des rétributions maternelles, je compte 7.344 journées d'enfants et 24 enfants par jour d'ouverture de l'établissement, 300 jours par an.

Le Dispensaire n'a pas de recettes de ce genre, et il coûte beaucoup. Souvent, il s'est trouvé sans encaisse et il a fallu emprunter à la Crèche qui n'était et ne fut longtemps que la même œuvre, cependant que le dispensaire est un allègement aux dépenses des hôpitaux voisins. Nul n'administre à si bon compte. Les médecins donnent gratuitement leurs soins. Le personnel reçoit, directrice, 1.200 francs par an, et les deux aides chacune 720 francs. Mais ce qui coûte, c'est le matériel orthopédique, chirurgical, médical général, etc. ; ce sont les médicaments, les pansements et les frais généraux : eaux, gaz, charbon, contributions, entretien de l'immeuble.

Les noms des docteurs sont connus : professeur Valude, des Quinze-Vingts, et docteur Duclos, du même établissement ; les docteurs Simard, Costilhes, Chapdelaine, Boehler, Meurisse, Binet, Springer et Sainturet, pour les enfants ; le docteur de Molènes, pour les maladies de la peau ; le docteur Mahu, pour la gorge et les oreilles ; les docteurs Siffre et Fontanel, pour la clinique dentaire ; les docteurs Leriche, Richardière et Péraire, pour la chirurgie ; les docteurs Mattéi, Barnay, Longuet, Simon, Laurent (celui-ci plus spécialement chargé de la Crèche), pour les adultes.

La pharmacie fut confiée successivement aux soins de MM. Tissier, professeur de chimie ; Dizard, d'Huy et Artreux.

Une masseuse est attachée à l'œuvre, Mme Spinassou, de l'hôpital Necker.

Les recettes et les dépenses du dispensaire s'établissent ainsi :

1891-1892	avoir	14266,35	dépenses	9658,55	(6000 f. à entrepreneurs)
En 1892	—	18315,65	—	14459,05	—
En 1893	—	14568,75	—	17326,05	—
En 1894	—	15148,15	—	14554,25	—
En 1895	—	13297,25	—	13077,35	—
En 1896	—	5313,90	—	4692,40	(le Conseil paye
En 1897	—	8829,25	—	7850,55	directement)
En 1898	—	6911,50	—	6911,60	

En	1899 [1]	—	7489,55	—	7451,85
En	1900	—	8185,05	—	7947,15
En	1901	—	8113,85	—	7469,00
En	1902	—	7705,85	·	7142,20
En	1903	—	8569,00	—	8569,00
En	1904	—	9073,75	—	8687,20
En	1905	—	6715,60	—	6432,50

Relevé des consultations de 1907 à 1905 inclus :

Année 1897

Simard.....	2500	consult.
Costilhes...	607	—
De Molènes.	549	—
Barnay	766	—
Dumoret....	427	—
Chapdelaine	404	—
Siffre,.....	706	—
Mahu	114	—

Année 1898

Simard.....	3317	—
Costilhes...	1051	–
De Molènes.	392	
Duclos.....	885	—
Longuet....	157	—
Chapdelaine	269	—
Siffre......	910	—
Mahu......	566	—

Année 1899

Simard.....	2502	—
Costilhes...	889	—
De Molènes.	394	—
Duclos	1239	—
Longuet....	194	—
Chapdelaine	?63	—
Siffre.......	865	—
Mahu	526	—

Année 1900

Simard.....	2235	—
Costilhes...	580	—
De Molènes.	209	—
Duclos	1415	—
Sainturet ...	768	—
Longuet....	131	·
Chapdelaine	140	—
Simon......	191	—
Siffre.......	886	—
Mahu......	372	—

Année 1901

Simard.. ..	2089	—
Costilhes...	564	—
Duclos	1447	—
Sainturet...	486	—
Péraire.....	434	—
Chapdelaine	183	—
Simon......	233	—
Mahu.......	407	—
Springer ...	6	—
Siffre..... .	830	—

(1) . Cette année où fut inauguré le Dispensaire, il y eut pour le

matériel d'installation	3210 »
pour la pharmacie..	3494.77
pour divers fournisseurs	346.30
Total....	7051.07

Il y eut aussi l'installation d'une salle d'hydrotérapie (le Pari mutuel y pourvut en partie) dont voici le détail : Frais d'installation

Frais d'installation	1400 »
accessoires........	600 »
menuiserie........	1010 »
plomberie........	450 »
peinture..........	250 »
divers...........	624 »
Total....	4334 »

Année 1902

Simard.....	1482	—
Costilhes...	869	—
Duclos.....	1442	—
Sainturet ..	758	—
Péraire	782	—
Chapdelaine	872	—
Mahu.......	470	—
Meurisse...	220	—
Siffre	811	—

Année 1903

Legrand ...	1077	—
Costilhes...	747	—
Duclos.....	1410	—
Sainturet...	861	—
Péraire	678	—
Chapdelaine	417	—
Mahu.......	601	—
Meurisse...	652	—
Fontanel...	910	—

Année 1904

Sainturet...	910	—
Costilhes...	732	—
Duclos.....	1867	—
Péraire	599	—
Chapdelaine	561	—
Mahu ......:	752	—
Meurisse ..	469	—
Binet.......	987	—
Fontanel...	106	—

Année 1905

Sainturet...	966	—
Costilhes...	800	—
Duclos.....	870	—
Chapdelaine	391	—
Mahu	567	—
Péraire ,...	598	—
Meurisse ...	325	—
Binet.......	609	—
Barbier	32	—
Siffre	889	—

} 6047

SERVICES

1897	Service des douches.	4839
	— des médicaments sur place .	8370
	— — emportés .	13500
	— des pansements	8155

1898	Service des douches.	7436
	— des médicaments sur place .	17273
	— — emportés .	14774
	— des pansements	6401

1899	Service des douches	9332
	— des médicaments sur place .	21651
	— — emportés .	16762
	— des pansements	7880

1900	Service des douches.	4933
	— des médicaments sur place .	27681
	— — emportés .	13843
	— des pansements	8158

1901	Service des douches	5190
	— des médicaments	23395
	— — emportés .	9936
	— des pansements	10390

1902	{	Service des douches.	7136
		— des médicaments sur place .	27327
		— — emportés .	10757
		— des pansements	14904
1903	{	Service des douches.	9110
		— des médicaments sur place .	34171
		— — emportés .	12708
		— des pansements	19784
1904	{	Service des douches.	9726
		— des médicaments sur place .	33257
		— — emportés .	11043
		— des pansensements	20667
1905	{	Service des douches	7136
		— des médicaments sur place .	27327
		— — emportés .	10757
		— des pansements	14904

6.000 visites et près de 53.000 pansements ! aucune parole ne saurait être plus convaincante, plus persuasive, plus éloquente que ces chiffres !

A partir de cette année, nous aurons une ressource de plus : les Bains populaires que, grâce à la générosité du Conseil municipal, la confiance et la philanthropie de M. Brissot, entrepreneur, le dévouement de M. Chauvière, architecte, et de ses collaborateurs, nous avons construits et inaugurés sous la présidence de M. Ruau, ministre de l'Agriculture, à qui nous avons fait appel pour qu'il nous comprenne, cette année, parmi les bénéficiaires des revenus du Pari Mutuel.

Les recettes de cet établissement qui suivent rythmiquement les degrés de la température, font déjà espérer que les œuvres sœurs, Crèche et Dispensaire, n'auront pas trop à se plaindre.

Mais, nous direz-vous, de quoi vivra le Sanatorium ?

Ici, il faut revenir sur nos pas et rappeler d'abord que si les Bains populaires apportent leur contingent à la Crèche et au Dispensaire, les recettes de notre fête annuelle iront au Sanatorium ; ce qui donne le chiffre heureusement brutal et net de 8.000 francs (1), sans les cotisations.

(1) Représentation au théâtre Sarah Bernhard.

Ce serait un chiffre déjà suffisant pour faire vivre le Sanatorium.

Notre expérience date de deux années.

En 1905, nous avons eu une colonie scolaire de 54 enfants du 15e arrondissement de Paris.

M. Thomson, ministre de la Marine, vint nous visiter. Il put déjà juger de nos efforts et nous promit son concours pour l'obtention d'une loterie de 1.500.000 francs, approuvée par un vote de la Chambre, afin de prolonger durant toute la saison printanière et estivale le temps des colonies enfantines.

Le rapport au Conseil municipal fut des plus élogieux pour nous.

On aurait eu recours cette année au même procédé, mais le Conseil municipal ne voulut pas accorder à la Caisse des écoles du 15e un supplément de crédit.

Le résultats obtenu avait été des plus concluants : en trente jours, c'est-à-dire neuf journées de plus que n'accordent les colonies scolaires, nous obtenions par enfant de huit à douze ans une croissance moyenne de un centimètre trois quarts et une augmentation de poids de un kilo cinq cents.

Cette année-ci, 1906, vit deux colonies, la première, de filles, la seconde, de garçons.

C'est d'accord avec l'inspecteur primaire que, à nos frais, pendant la période scolaire, on nous envoya d'abord 51 filles du 15e arrondissement de Paris, et dans quel état ! Il faut lire le diagnostic du docteur Pernot pour s'en rendre compte..

Chaque enfant est pesé, mesuré, examiné, à l'arrivée et au départ ; toutes les fillettes revinrent chez elles bien portantes, ayant dépassé la moyenne précédente.

Je l'ai dit, nous prenons des enfants aux communes voisines : Ainvelle, Fouchécourt et Isches : c'est une petite France qui s'aime que nous réalisons, et la population vosgienne adore notre œuvre.

M. Thomson est revenu cette année. Un banquet réunit ministre, sous-préfet, administrateurs, directeurs de la colonie de Mandres-sur-Vair (du 11e arrondissement de Paris), instituteurs et enfants. Il remercia avec émotion, au nom du Gouvernement, le président de l'œuvre, M. Schweizer, les administrateurs et surtout Mme Chauvière. Il exprima, comme en 1905, ses regrets de ne pas voir utiliser toute l'année ce merveilleux coin des Vosges.

Notre seconde colonie de 1906 fut composée d'enfants du 20e arrondissement — la Caisse des écoles de cet arrondissement nous envoyait 30 garçons — elle payait pour 21 jours, durée réglementaire — notre œuvre payait pour les 9 jours complémentaires (elle était de 30 jours), — et de 20 enfants du 15° choisis, comme les fillettes, par l'inspecteur primaire, M. Baudrillart.

Cette année, le 20e compte nous envoyer 100 enfants en deux colonies aux conditions qu'on verra plus tard.

Comme nouvelle ressource, pourrions-nous ne pas compter sur le Conseil municipal? Il faut pour hospitaliser deux colonies entre 5.000 et 6.500 francs, et ce chiffre peut être réduit. Les Caisses d'écoles, par leur versement, réduisent ce chiffre de 2.500 francs par colonie. On peut exactement compter 3.000 francs l'une, si l'on veut persévérer et en avoir 4, au total 12.000 francs.

Si M. le Ministre de l'Intérieur autorisait une loterie, ce qu'il a accordé à tant d'autres œuvres fort intéressantes, mais qui ne l'étaient pas plus que les nôtres, nous rendrions à bon compte nos établissements parfaits et leur existence serait assurée pour toujours.

Il faut dire que le Ministère de l'Intérieur tient à ne pas multiplier les loteries, et en tous cas à espacer leur tirage afin d'éviter un krach qui serait nuisible aux œuvres.

Pour participer au bénéfice des loteries et aux grosses donations, on exige de nous, la reconnaissance d'utilité publique, et nous avons fait remarquer qu'il semble y avoir un non-sens dans cette exigence. En effet, il faut pour vivre qu'on nous procure les moyens de vivre.

La Crèche et le Dispensaire existent depuis vingt ans. Nous avons eu des heures difficiles et pourtant nous avons prospéré. Le Sanatorium a sa vie assurée depuis deux années ; nous avons donc fait la preuve de la sûreté de nos moyens.

En nous accordant la reconnaissance d'utilité publique pour ce Sanatorium, on nous apportera en même temps la certitude de son existence.

Pour le mouvement quotidien, nous aurons nos cotisations, le produit des rétributions maternelles, les produits des fêtes, les sommes versées par les Caisses d'écoles, les dons particuliers et — ce qui ne saurait être blâmé — les produits des Bains populaires qui paraissent, malgré la modicité des prix, devoir être sérieux.

Il suffit que le Conseil municipal soit aussi généreux pour nous que pour les autres, aussi généreux pour le Sanatorium que pour la Crèche et le Dispensaire, qu'il tienne compte de nos efforts, et que le Conseil d'Etat consacre, par sa décision, la vie du Sanatorium.

Ch. IV. — Comment se fait le recrutement.

Nous allons reprendre ce que nous avons déjà dit. (Les documents précédents expliquent le mouvement de la Crèche et du Dispensaire.)

En 1905, nous prenons 50 enfants visités par les docteurs du Dispensaire, munis d'un certificat de vaccin et admis par la Caisse des écoles du 15e qui se charge de payer pour partie durant 21 jours ; 3 enfants sont choisis par les maires des villages voisins.

En 1906, toute la colonie des 54 fillettes est à notre charge La colonie suivante des garçons se compose de 54 enfants dont 30 du 20e arrondissement et 24 à notre compte.

Voici pour la colonie des garçons du 20e arrondissement, le modèle de transaction :

MAIRIE DE MÉNILMONTANT

Place Gambetta, 6

RÉPUBLIQUE FRANÇAISE

LIBERTÉ - ÉGALITÉ - FRATERNITÉ

VILLE DE PARIS

XXᵉ Arrondⁱ

ANNÉE 1906

Renseignements concernant la colonie de 30 garçons et de deux maîtres envoyés à Isches (Vosges) dans le Sanatorium de Mme Chauvière.

Personnel dirigeant (1) : M. Barrat, instituteur, directeur de la colonie ; M. Castric, instituteur.

Parcours : départ de Paris à 9 h. 5 du soir, le 24 juillet.

Arrivée à Bourbonne-les-Bains le 25, à 4 h. 27 du matin.

On change habituellement à Vitrey, mais M. le Maire du 20e a demandé **et obtenu** que la colonie fasse le voyage de Paris à Bourbonne-les-Bains sans changer de voiture.

Mme Chauvière attend la colonie à 4 h. 27 et la transporte **A SES FRAIS**, en voiture, de Bourbonne-les-Bains à Isches.

Prix du billet au 1/4 tarif : 4 fr. 35 par personne.

Durée du séjour de la colonie : du 25 juillet au 23 août, mais du 25 juillet au 2 août, la pension sera à la charge de Mme Chauvière.

(1) il y avait un 3ᵉ instituteur pour le 15ᵉ, M. Thorel et l'infirmière de l'assistance publique Mme Lancien.

Nombre des repas (1) : 4, le matin, à midi, à 4 heures et le soir.

Les enfants ont par jour : 500 gr. de pain ;
75 cent. de vin ;
80 gr. viande rôtie ou 100 gr. viande ragoût ;
2 œufs ;
120 gr. pommes de terre ;
60 gr. légumes verts ou secs ;
Dessert.

Menus : Le matin : café au lait avec pain ou soupe.

A midi : 1 plat de viande (alternativement 80 gr. de rôti ou 100 gr. viande ragoût) ;
1 plat de légumes ;
1 dessert.

A 4 heures : pain et lait ; le lait est remplacé à la volonté des enfants par du fromage ou des confitures ;

Le soir : soupe grasse ou maigre ;
œufs en omelette ou autre accommodement ;
1 plat de légumes ;
salade ou dessert.
(Café, dimanches et fêtes.)

Nourriture des Maîtres : Les Instituteurs sont nourris à la table de Mme Chauvière.

Frais à la charge de Mᵐᵉ Chauvière : La literie, le blanchissage, etc., les visites médicales, les soins, les frais extraordinaires.

(1) Voici exactement les menus d'une semaine :

Menu des enfants du Sanatorium

LUNDI ..... (Déjeuner : Rôti de veau — purée — desserts.
Dîner : Soupe — œufs — salade — desserts.

MARDI .... (Déjeuner : Ragoût de bœuf — desserts.
Dîner : Soupe — macaroni au fromage — desserts.

MERCREDI . (Déjeuner : Ragoût de veau aux petits pois — desserts.
Dîner : Soupe — œufs aux épinards — salade — desserts.

JEUDI ...... (Déjeuner : Bifteck aux pommes — desserts — café.
Dîner : Soupe — lentilles — omlette — desserts.

VENDREDI . (Déjeuner : Gigot aux haricots — desserts.
Dîner : Soupe — œufs — légumes — desserts.

SAMEDI .... (Déjeuner : Ragoût de mouton aux pommes de terre — desserts.
Dîner : Soupe — omlette — légumes — café.

DIMANCHE . (Déjeuner : Rosbif aux haricots — desserts — café.
Dîner : Pot-au-feu — bouilli — salade — desserts.

Le matin : Lait.
A 4 heures : Lait et pain.

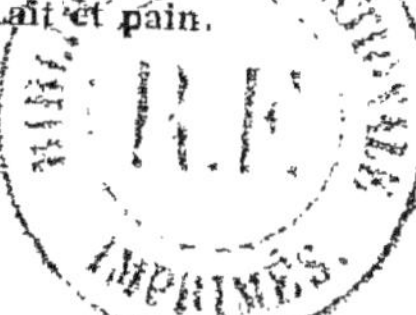

Cм. V. — **Comment on administre.**

Le matériel des réfectoires, des dortoirs est complet. Il est simple. Une infirmerie, une fort bonne bibliothèque de plus de 1.000 volumes : que peut-on demander de plus ?

Une cuisinière et deux filles du pays, où l'on recrute difficilement du personnel, deux hommes, parfois quatre, chargés de manœuvrer la pompe, voilà pour l'office. Ces derniers vont être supprimés par suite de l'installation d'une pompe à manège.

Les instituteurs choisis par Paris, la surveillante-infirmière rétribuée que nous adresse M. le Directeur de l'Assistance publique, et, remplaçant tantôt l'un, tantôt l'autre, **à titre absolument gracieux**, Mme Chauvière dirigeant, surveillant, contrôlant, donnant la vie à cet établissement que nous sommes fiers d'avoir pu élever.

Nulle autre personne n'est rétribuée.

Le personnel est payé ainsi :

Cuisinière	45	»
2 filles	45	»
Infirmière (1)	35	»
Le garde	50	»
Les 2 pompiers	150	»

325 » × 2 mois = 650 fr.

Il faut ajouter pour les deux institutrices et l'instituteur du 15e arrondissement, que nous payons 50 francs chacun, soit, pour deux mois : 150 + 650 = 800 francs.

Nous ne comptons pas les jours où il n'y a pas de colonies et où cependant le personnel travaille. Plus il y aura d'enfants, les frais généraux restant les mêmes, moins ils coûteront.

L'année prochaine, comme nous le disons plus haut, par suite de l'installation d'une pompe à manège, nous aurons une réduction des frais de personnel de 100 francs et, si les Caisses d'école, comme tout le fait croire, nous envoient leurs enfants en partie à leurs frais, nous aurons à déduire les 150 francs accordés aux instituteurs, soit en tout 250 francs, ce qui donnerait le simple chiffre, pour deux mois, de 550 francs.

Le blanchissage (150 francs) et la literie (36 francs) ont coûté ensemble 186 francs.

Ici, apparaissent des frais qui doivent figurer exclusivement à l'actif de l'œuvre.

(1) Voir la note précédente.

Le coût de *l'ameublement, matériel acquis et inventorié, travaux,* (pour l'année 1906 seulement) — nous ne parlons pas du matériel existant au 1er janvier 1906 mais seulement de ce qui a été acheté cette année — est de 349 fr. 80.

Comprendrons-nous sous ce titre ce que nous ont coûté les travaux, réparations, manœuvres de l'ancienne pompe à bras que nous venons de remplacer par une pompe à manège Pilter ? Il faudrait chiffrer pour réparations et manœuvres de l'ancienne pompe 679 fr. 45 et l'achat de la nouvelle pompe entre 500 et 600 francs.

Nous revenons aux frais d'entretien.

La question des transports est, nous le disons, celle qui nous préoccupe toujours.

Voici la décomposition des frais de transport cette année :

En 1906, 2 ouvriers de Paris, aller et retour.............. 40 »

        2 colonies, aller et retour, Paris à Bourbonne :

        1° 221 fr. 65 payés à Isches et 221 fr. 65 payés à Paris pour lesdites.............................. 443 30

        2° payé à Isches..................... 109 50

        et à Paris..................... 109 50 219 »

Transports de Bourbonne à Isches et retour (8 kil.) :

    2 institutrices ;

    3 instituteurs ;

    1 surveillante ;

100 enfants.

106 personnes, avec bagages..................... 152 55

        Au total............................. 854 85

Nous traitons en ce moment pour cette dernière dépense (152 fr. 55) avec la Société des transports automobiles de Bourbonne, et nous espérons que pour une centaine de francs nous obtiendrons le transport (aller et retour) de Bourbonne-Isches, personnes et bagages de 2 colonies (1).

La pharmacie a coûté une vingtaine de francs au plus.

Enfin, des réparations aux routes et à l'immeuble ont augmenté nos dépenses de 241 fr. 40. (A figurer à l'actif de l'œuvre.)

Des précautions plus grandes permettront de réduire notablement ces chiffres.

Les frais généraux : gratifications, correspondances, rétribu-

(1) Il faudra majorer de 25 fcs les frais de transport. Cette somme n'a été réclamée que dernièrement pour 4 transports.

tions au courrier, frais de publicité pour les adjudications, s'élèvent à 17 fr. 20.

(Voir à l'appendice comme terme de comparaison les chiffres des colonies scolaires parisiennes).

Voilà, **sincèrement** exposé, le budget de nos dépenses.

Nous n'avons rien caché, nous avons tout dit. Nous voulons que tous se rendent compte de l'emploi des fonds qu'on nous confie, et nous croyons que nulle part on n'administre à si bon compte et avec un sentiment plus haut du devoir qui nous incombe.

Nous n'avons pas fait entrer en compte les sommes payées par la Caisse des écoles du 20ᵉ arrondissement. Elles ne pouvaient en rien détruire l'éloquence des chiffres précédents.

Cʜ. VI. — Nos Collaborateurs.

Nous devons tout d'abord saluer le souvenir de ceux qui ne sont plus et qui nous ont aidés jusqu'à la fin.

(1). Frais d'exploitation pour 1906 par journée d'enfant :

1º 53 enfants durant 61 jours donnent 3233 journées.

	Coût de la nourriture.........		4.200 f. soit 1 f. 299
	Personnel		800
	Literie et blanchissage.......		186
a)	Matériel acquis...............	349.80	
	Installation de pompes.......	1.279.45	
	Transports des enfants (4 voyages)		854.85
	Pharmacie		20.—
a)	Routes, travail aux chemins .	241.40	
	Frais de correspondance, etc.		17.20
			6078.05
	Somme à reporter à l'actif....		1.870.65

6078.05 à repartir entre 3233 journées donnent 1 fr. 879, coût d'un enfant ; chiffre inférieur à celui de la moins coûteuse des colonies scolaires.

a) Ces sommes ne peuvent entrer en compte pour l'entretien des enfants et figurent à l'actif de l'établissement.

Budget de 1907 par journée d'enfant
en se basant sur le chiffre de 3233.

Coût de la nourriture......................	4.200.00
Personnel.................................	550.00
Literie et blanchissage	186.00
Transport.................................	802.30
Pharmacie.................................	20.00
Frais de correspondance, etc.	17.20
	5.775.50

Dès la formation de la crèche en 1889, M. Méric, Mlle Artigue, Mme Darras disparus après 18 années de fonctions ;

C'est le docteur Leriche, notre premier chirurgien ;

C'est notre excellent ami M. Morard et tant d'autres.

Puis ceux qui restent fidèles à notre cause, les aides de la première heure : Mmes Legrand, Morard, Verdelet, Lamare, Rose, etc.

M. Vernon, adjoint au maire, si bon, si honnête, si ferme dans ses fonctions (de 18 années) de trésorier de la Crèche et du Dispensaire.

Encore, les protecteurs de toujours : Mmes Chevalier, Hovelacque et MM. Berteaux, Menier, Escuyer, Pitet, Aymond, Pierron, Acoulon, François, Grellou, Dordon, Gendron, Martin (du Var), Pradier, imprimeur ; Rives, architecte ; Buatois, Stransky, Schweizer, le président du Sanatorium ; Jamet, Pigier, Jeunet, Aussour, Bastien, Buffereau, Bing, Fleury, Hanin, Lingrand, Blond, Dameron, Vadurel, Béquet, Mutel, Brissot, Berlier, Magisson, président de la Crèche et des Bains ; Mas, Chapron, Salard, Philippe, Chicoyne, Drs Pernod et Joyeux, MM. Lasenne, Laveillon, Mme et M. Verdier, etc. ;

Ce sont tous les présidents de la République depuis Carnot ;

C'est MM. Brisson, Deschanel, présidents de la Chambre ;

C'est MM. Bourgeois, Waldeck-Rousseau, Delcassé, Caillaux, Barthou, Baudin, Bienvenu-Martin, Pelletan, Thomson, Dubief, etc. ;

Ce sont les préfets MM. Poubelle et de Selves, Lozé, Blanc et Lépine ;

Ce sont les directeurs de l'Assistance publique ;

C'est M. Monod ;

C'est MM. Laurent, Grelot, Derouin, secrétaires généraux ;

C'est MM. de Rothschildt, Péreire, Dreyfus, Lang, Stigler, Combelle, Brauge, Béthoule, Magisson, Bouchet, l'excellent trésorier des Bains et du Sanatorium ; Philippot, Huart, Artreux, Vernon, Zadoc-Kahn, Edwards, Marcel Hirsch ;

C'est l'Automobile-Club, le Touring-Club, les Forges et Aciéries de France, Dufresne et Jacquemet, Thibouville-Lamy, Davillé, les Asphaltes, la Société Industrielle des Téléphones, les Lits Militaires, les Moteurs, la Maison Otto, la Société Lyonnaise, la Blanchisserie de Grenelle, le Bon-Marché, la Belle-Jardinière, le Louvre, le Printemps, la Samaritaine, le Petit-Saint-Thomas, la Place-Clichy, de Roy, Caumartin, le Pont-Neuf ;

De nombreuses loges maçonniques ;

L'Œuvre des Tuberculeux d'Ormesson (1) ;

(1) Sur le désir exprimé par M. Dubief, ministre de l'Intérieur, l'Œuvre des Enfants tuberculeux d'Ormesson voulut bien s'intéresser aux œuvres fondées par Mⁿᵉ Chauvière en faveur de l'Enfance et à prélever sur ses fonds une somme de cent mille francs qui fut généreusement offerte à Mⁿᵉ Chauvière à titre de participation officieuse à la loterie actuellement en cours au profit de l'Œuvre de l'Institut Pasteur de Lille.

L'Allaitement maternel, administré par Mme Béquet de Vienne ;

Les journaux de toutes nuances, qui placent la philanthropie bien au-dessus de la politique : *Le Gaulois*, *L'Aurore*, *Le Figaro*, *L'Action*, *Le Temps*, *La Petite République*, *L'Humanité*, *L'Eclair*, *Le Radical*, *Le Journal*, *La Lanterne*, etc., etc.

Enfin, à la Chambre, les amis ne nous manquent pas.

Et au Conseil, nous avons à marquer un tribut de reconnaissance profonde à nos amis Chautard et Poiry, qui ne nous oublient jamais.

Nos amis du Conseil municipal de Paris nous permettront, cette année même, de compter sur leur appui pour continuer l'œuvre du Sanatorium et augmenter d'un peu les ressources du Dispensaire de la rue de la Convention.

Que ne dirai-je pas de notre Ministre de l'Agriculture, *M. Ruau*, à qui nous devons, ainsi qu'à son secrétaire général, M. Cabaret, les 75.000 francs du Pari Mutuel, destinés au Sanatorium, et à qui nous devrons de quoi solder les frais de construction de la Crèche de l'avenue Félix-Faure qu'il a inaugurée, qu'il connaît et qu'il a appréciée si hautement dans un discours dont nous garderons le souvenir ?

Nous pourrons bientôt remercier M. le Ministre actuel de l'Intérieur qui, jugeant de nos efforts, par ce mémoire, donnera enfin son approbation à la loterie qui couronnera nos soins.

Et enfin à M. le Président et aux membres du Conseil d'Etat, qui nous reconnaîtront d'utilité publique.

CH. VII. — **Nos espérances**

Elles sont toutes ci-dessus exposées.

Les bains, les cotisations et les subventions feront vivre les deux premières œuvres.

La représentation annuelle, les versements des Caisses d'écoles et une subvention, nous permettront de faire vivre le Sanatorium.

Pour les travaux d'amélioration, d'agrandissement, d'entretien, nous comptons sur le Ministre de l'Intérieur et sur notre défense auprès de lui par ses collègues anciens et actuels, Pelletan, Thomson, etc. ; sur les rapports des préfets et sous-préfets de Selves, Causel et Montreuil ; sur l'examen des résultats acquis et sur notre dévouement inlassable.

Nous demandons la reconnaissance d'utilité publique. On ne

nous l'eût point accordée avant une expérience aussi concluante. On ne nous la refusera plus aujourd'hui.

Et bientôt, dégagés de tous soucis, heureux et fiers de l'œuvre qui a provoqué en nous tant d'angoisses, enfin sûrs de l'avenir, nous pourrons prendre un repos si chèrement, mais si justement mérité.

Note annexe.

Prix de revient par enfant et par jour aux colonies scolaires de la ville de Paris

Rapport N° 44 — 1906 — du Conseil Municipal.

(Rapporteur **M. Rebeillard**).

Arrondissement	Désignation	LIEUX DE SÉJOUR	Dépense journalière par élève
1er	G. F.	Morteau (Doubs) / Coudeville (Manche)	3,49
2e	G. F.	Audincourt (Doubs) / Vert (Seine-et-Oise)	3,20
3e	G. F.	Vert (Seine-et-Oise) Prop. de la Caisse des écoles.	2 »
4e	G. F.	Vire (Calvados)	3 »
5e	G. F.	Vert (Seine-et-Oise)....................	2,43
6e	G. F.	Nemours (Seine-et-Marne) / Les Sables-d'Olonne (Vendée)....................	2.25
7e	G. F.	St-Germain-en-Laye. Prop. de la Caisse des écoles	2,76
8e	G. F.	Collége de Condé-sur-Noireau (Calvados) .... / Collége de Flers	»
9e	G. F.	Toucy-sur-Yonne (Yonne) / Melun (Seine-et-Marne)	3,01
10e	G. F.	Châtillon-sur-Seine. Colonie permanente	2,76
11e	G. F.	Mandre-sur-Vair (Vosges) Prop. de la Caisse des Écoles	2,29
12e	G. F.	Fontainebleau (Seine-et-Marne) .... / Boulogne sur-Mer	2,82
13e	G. F.	Boulogne-sur-Mer et Bléneau (Yonne) / Les Sables-d'Olonne et Toucy (Yonne)..........	2,02
14e	G. F.	Vermeulans (Doubs)....................	3,33
15e	G. F.	Melun et dans un autre lieu non encore arrêté. / Melun, St-Farjeau et dans un autre lieu non arrêté	2,02
16e	G. F.	Commercy (Meuse) / Clamecy (Nièvre)	2,77
17e	G. F.	Monthléry et Mers....................	»
18e	G. F.	Luzancy (S.-et-M.). Prop. de la Caisse des Écoles.	1,97
19e	G. F.	Malesherbes et Bléneau / Malesherbes et Les Sables-d'Olonne	2,92
20e	G. F.	Monthléry (Seine-et-Oise)....................	2,24

Au Sanatorium d'Isches, malgré l'éloignement, les dépenses supplémentaires résultant de l'établissement d'une pompe neuve, chaque enfant nous revient à 2 fr. 08 ; l'on présume qu'il reviendra l'année prochaine à 1 fr. 90.

www.ingramcontent.com/pod-product-compliance
Lightning Source LLC
Chambersburg PA
CBHW051202050726
47594CB00007B/3019